EZINGAQHELEKANGA

First Edition February 2021 in paperback

Published by **Seulaula SA Publishing & Productions**

ISBN: 978-0-620-92125-1

Editor: Zandile Kondowe; **Proofreader**: Linda Kwatsha
Cover: Ihlelwe nguLinda Kwatsha noZandile Kondowe
Compiled by: Seulaula SA Publishing and Production
Funded by: National Arts Council of South Africa **(NAC)**

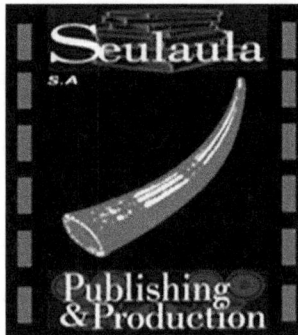

EZINGAQHELEKANGA

❈

MZI MAHOLA

OKUQULATHIWEYO

INGCACISO

Le mibongo ibhalwe apha iguqulelwe yasiwa esiXhoseni. Ithatyathwe kwezi ncwadi; *Strange Things; When Rains Come; Dancing With Hyenas; The Last Chapter,* kwakunye neminye engekapapashwa. Yonke ibhalwe yaguqulwa nguMzi Mahola.

UMBULELO

Ndithi mandenze umbulelo ngomoya nangomphefumlo wam wonke kuNjingalwazi Linda Kwatsha. Uthe akuva ukuba umntwana uzelwe, wabeka phantsi yonke into ebeyenza waza kwamkela le mveku. UNjingalwazi Kwatsha endimbiza ngamagama amaninzi, uSisi Linda, umaDuna, okanye Professor sisikhakhamela kulwimi lwesiXhosa eNMU. Sineminyaka eyileyo kumashumi amabini sisazana, kweminye yayo saye sasebenza kunye. Saqala ukudibana kumbutho wababhali owawubizwa ngokuba yiBhala. Emveni koko waye wandithemba ukuba ndihambe ndingena ezikolweni zamabanga aphezulu ezikule Metro ukuze ndilobe, ndikhulise ndikhuthaze abafundi abanezakhono zokubhala, ukubonga kwakunye nokubalisa amabali. Ndiyabulela MaDuna kuba olo cweyo lwabafundi lwaba likhubalo nakwesam isiphiwo sokubhala. Manditsho ngokuphandle ukuba ndim oyena mntu wafumana isivuno esihle esikhuthazayo ngaphezu kwabafundi.

Ndibamba ngazo zozibini, Sis' Linda ngokuchitha ixesha lakho uqinisekisa ukuba le ncwadi iza kuyihamba le ndlela ide iye kushicilelwa. Bendingenathemba lokuba ingafumana inyoba ishicilelwe ngexesha elinzima kangaka leCovid-19. Silapha namhlanje ngenxa yegalelo lakho.

Mandiphinde ndibulele nakuMaDuma, uGqirhalwazi Lwandlekazi Notshe esazana kakhulu naye ngokuzalana. Ndinibulela ngokugilana kwenu ngalo msebenzi usihlanganise apha. Nincame ixesha lenu nemisebenzi ebalulekileyo ngokungathi kukho isibonelelo enithenjiswe sona. Silapha namhlanje ngenxa yokuba niyithabathele kuni le ncwadi ukuze nikhangele iziphene neempazamo zombhali. Ndiyabulela kakhulu ngexesha lenu.

Kumnandi ukuba nesihlobo esingaphezu kwakho ngolwazi nangeminyaka. Kuthiwa inyathi ibuzwa kwabayibonileyo. Kudala wayihamba le ndlela uJikijwa. Ungumakhwekhwetha wokugubhulula imisebenzi yabantu nemibutho, eze nayo ebantwini iyincwadi ebhaliweyo (research). Ukwangumbhali wemibongo namabali amafutshane. Ngekwaba nzima ukuyibhala le ncwadi ngaphandle kokuxhaswa nguye. Ndathi nangexesha lokushiywa ngowakwam akaphela kwam. Waquqa phantse yonk' imihla waba yintsika, wandixhasa ndada ndomelela. Umhlobo wenene umbona ngamaxesha obunzima ebomini bakho. Ndidibene notata uMbulelo Nzo, iJola, kwiBhala kucweyo neentlanganiso zababhali balo mbutho. Ndaye ndazenza le ntlanzi kuthiwa yi-pilot fish. Le ncwadi sesinye seziphumo zokusondela kwam kuye.

Ndibulela abashicileli abathe bandivulela inyoba ndingenathemba lokuba kukho nto engenziwayo ngale ncwadi ngenxa yesi sithwakumbe siyi-Covid-19. Ndithi nangamso. Ndibamba ngazo zozibini kwabakwaSeulaula S A Publishing & Production.

NguMzi Mahola

INTSHAYELELO

UMzi Mahola uzenzele igama ngokuthi abe ngomnye wababhali baseMzantsi Afrika abaziwayo ehlabathini. Le ncwadi ayibiza ngegama elithi, "Ezingaqhelekanga," lilinge elingaqhelekanga lokubona umbhali eguqulela umsebenzi wakhe kolunye ulwimi ukuze ube licham nakwisizwe sakowabo esilwimi lusisiXhosa.

Phantse iminyaka yaba ngamashumi amane uMzikayise Mahola, obhala phantsi kwegama elinguMzi, ebhala imibongo ngolwimi lwesiNgesi. Incwadi yakhe yokuqala yemibongo ethiywe ngegama elithi, *"Strange Things"* yonyulwa ukuba ibe yenye yezo zaya kumela uMzantsi Afrika kumboniso weencwadi zehlabathi eGeneva ngowe-1995. Enye incwadi yakhe esihloko sithi, *"When Rains Come"* yaphumelela iwonga elibizwa ngo-Olive Schreiner ngowama-2000 ukuya kowama-2001. Waphinda wabhala enye, nayo eyemibongo ethi, *"Dancing in the Rain,"* kwaza kwalandela ethi, *"Last Chapter."* Eminye yemibongo kaMahola yaye yaguqulelwa kwiilwimi ezintandathu (6) ezizezi: IsiJamani, isiTurkey, iSpanish, Norwegian, Danish kwanesiMalayalam sase Indiya. Eminye imibongo imana ifakwa liSebe lezeMfundo ukuba ifundwe ngabafundi besiGaba se-11 nele-12.

Ndibe nenyhweba yokubukela omnye wemidlalo yeqonga owawubhalwe ngulo kaMahola uboniswa kwiNational Arts Festival. Lo mdlalo waye wafumana ukuwongwa ngokuthi bonke ababukeli baphakame, bawuqhwabele izandla ekupheleni kwawo. Walandelisa ngomnye umdlalo owathi wagqwesa kwiPhulo leNelson Mandela Metro nenjongo zalo yayikukunkcenkceshela izakhono zababhali bemidlalo yeqonga. Emva koko ulandelise ngeminye imidlalo ebhalela izikolo ezazithabatha inxaxheba kwiDelta Drama Festival.

Igalelo lakhe elilandelayo libe yincwadi ayibhale ngobomi bakhe ethi, "Dancing With Hyenas" neyathi yathandwa kakhulu ngabahlalutyi beencwadi.

UMzi Mahola waba ngomnye wababhali abane (4) beli abaya kumela uMzantsi Afrika kucweyo nababhali bamaSkotilani kwiYunivesiti yase-Glasgow ngomnyaka wama-2004, apho eli lalibhiyozela iminyaka eli-10 yeDemokrasi. Ngomnyaka wama 2008 watyunjwa ukuba ahambe neqela lamaMpondo elibizwa ngokuba ngaBafazi BaseNgquza baye eGreece apho bathatha iveki bebonisa inkcubeko nobuciko babantu bomZantsi Afrika.

Ndaye ndambuza unobangela wokuba ajike ekubhaleni ngesiNgesi akhethe ukubhala ngolwimi lwakowabo. Impendulo yakhe yathi, "Hayi andiyekanga ukubhala ngesiNgesi. Ndiluthanda kakhulu ulwimi lwasekhaya, ingakumbi ekubhaleni. Ngumnqweno endaba nawo wokuqhubeka ndibhala ngolwasemzini ukuze lube luphahla lokwakhela ibhulorho yokuweza amabali nemibongo endiyibhalayo. Le bhulorho yayiza kwenza kube lula ukwabelana nezinye izizwe ngamabali, inkcubeko nolwazi lwabantu bakowethu. Bekungekho sizathu sokuba ndabelane nabantu basekhaya ngamabali endiwafumana kwakubo." Uhambise wathi,

"Kungelishwa ukuba ndingaziwa njengombhali wesiXhosa apha ekhaya. Ngoku lifikile ixesha lokuba ndidle neenkunzi."

Lo kaMahola ndidibene naye ekwiphulo lokufundisa nokugwegwa abafundi abaneziphiwo zokubhala elaliququzelelwa yiDyunivesiti yeMetro kaMasipala oyiNelson Mandela. Isimbo somsebenzi kaMzi sahlukile xa ndisithelekisa nesabanye ababhali. Ndithe ndakumbuza ngonobangela wokuba iincwadi zakhe zahluke, wancumela ecaleni okwehashe elityiwa ngumkhala. Uphendule wathi, "Besingenako ukufana kaloku, Mkhaya. Owam umsebenzi wakhelwe phezu konxantathu weentsika. Ndithetha ngabakhi abaziingcungela; omnye lichule ekwakheni imibongo; omnye lichule lemidlalo yeqonga, kubekho ke ngoku lo ungumbhali wembali. Ziyadibana ke ezi ngwebedla xa kusetyenzwa kuboniswane ngeso sakhiwo kukhangelwa iziphene, amadlala neempazamo. Ingulowo ephethe obakhe ubuchule nolwazi ukuze le ndlu yakhiwayo ikhwebe nawuphina umthandi wencwadi ezihambela ngendlela."

Yandenza umdla kakhulu le mpendulo kuba kunqabile ukuba ufumane umbhali onikwe isakhono esingunxantathu. Ndatsho ndayibona nam ngoku le mfihlelo. Isimbo sikaMahola ndisithelekisa nesababhali base-Afrika abafana noJared Angira waseKenya; uTchicaya U Tam'si owaye ngowase Congo (Brazzaville); uChristopher Okigbo owaye ngowaseNigeria, noTaban Lo Liyong oyinzalelwane yaseUganda. Isimbo saba babhali siye saqinisela isiphiwo anaso uMahola, esokubalisa. Uyichaza into athetha ngayo ngemifanekiso ngqondweni ethi ithi tha phambi komfundi ibetheleleke. Uthanda ukuzekelisa ngezilwanyana, nto leyo enika umfundi umbono nengqwalasela yendalo ngokungathi ezo zilwanyana zinemikhwa nemikhuba emitsha. Ndafumanisa ukuba amaqhalo nezafobe azisebenzisayo zezingaqhelekanga; iphinde loo nto igaye, ikhwebe ufundo lolwimi lwesiXhosa. Ndibe nethamsanqa lokwazana noMzi ngenxa yabazali bethu kwasemva ekhaya. Nam ndiphosa induku kubabhali abasebatsha ndithi, ezivayo mayivele. Nanku uphopho into edla imithuma isithi ziipesika.

NguGqirhalwazi Lwandlekazi Notshe

AMAGQABANTSHINTSHI

Mawethu selani kweli selwa, nisike kuba ityebe iteketeke macala. OoMama mabayiyizele, tyityimbani bafana, xhentsani zintombi uzelwe umntwana. UMnu Mahola utsho xa elubiza olu sana uthi ngumntwana. Awusoze umve eyibiza njengencwadi yemibongo. Oku kubonakalisa ukusondela kwakhe kwinto ayibhalileyo nendlela ayithanda nayixabise ngayo. Le mibongo iqulethwe kule ncwadi yimibongo ecubungula izinto zobomi nkalo zonke. Uluntu lwakowethu luza kuzuza lukhulu kule ngqokelela yemibongo njengoko inika imfundiso, ikhuthaza kananjalo, iyabopha, iphinde iphulule. Le mibongo ayifundisi nje kuphela koko iyaluxhobisa uluntu ukuze lwazi gabalala ngokulungqongileyo. Ulwimi, nezangotshe imbongi ezisebenzisileyo zizoba oko abhekisa kuko, nesingqisho senza njalo ukunika inkcazo ngoko imbongi ibonga ngako. Uya kuphawula mfundi ukuba le mibongo yimibongo engaqhelekanga njengoko uza kufumana imibongo equpha nje, phanya iphele. Esi simbo sokubhala nale mo yokubumba ibonakalisa kwaye igxininisa kwinto yokuba ubugcisa bokubhala abubophelelekanga ndawonye koko iingcali zobugcisa bokubhala kufuneka zizibonakalise iimvakalelo zazo ngendlela eziva ngayo ngelo xesha. Bubugcisa obugqibeleleyo nobungenambaliso ukubhala umbongo oquphayo wemizuzu nje embalwa kodwa ube uhluthi uthe phukru isisu ngumyaleyo ovakalayo nopheleleyo. Ndikothulela umnqwazi Bra Mzi usibonisile wasifundisa kanajalo ukuba ukubhala imibongo akukokuhamba kumzila omnye osele ubonakala apho uya khona ngenxa yokuhanjwa yintlaninge yabantu. Wena uthe mawubonise uluntu ukuba ukubonga kukudlulisa umyalezo nokuba uwudlulisa ngexesha elincinci okanye elide. Huntshu! Siwuqhwabela izandla umsebenzi wakho, kuba nathi sifunde nto kuwo.

NguNjingalwazi Linda Kwatsha

UYANDITHANDA NANGOKU!

Wema bhunxe embindini wendlela
Ezinzulwini zobusuku
Wawangazelisa ukuba ndimmisele.
Ndabuza kunyana wam owayeselula,
Ndimmisele kwedini?
Andazi tata,
Waphendula watsho.
Emva kokulaqaza
Ukuba akalonyiki na
Ndammisela.

Wajikela ngakwicala lam
Ndicela undincede undigoduse, Mhlekazi.
Kwakuthe cwaka,
Ngokoyikekayo nakubani na.
Ndacinga ngowam umntwana
Oyintombazana,
Ndabuza kulo ucel'uncedo
Igama nedilesi yakhe,
Ndacinga ukuba iindlebe zam
Zidlala ngam kwakhona
Akundichazela.
Kuphi apho ke, ntomb'am?
EBlue Water Bay,
Watsho.
Kude kangaka!

Uvelaphi ezinzulwini zobusuku?

Kwisithandwa sam.

Ngoku?

Ndifike engekabuyi emsebenzini.

Ngoku?

Ndalinda.

Ngoku?

Ufike ebusuku

Ehamba nesinye isithandwa sakhe.

Ngoku?

Uthe mandihambe.

Ngeli xesha?

Wedwa?

Akakuthandi!

Ufuna udlwengulwe ubulawe

Ahlukane nawe!

Uyandithanda nangoku!

Uyayazi ukubamdaka kwayo le ndawo?

Bayabulawa abantu apha!

Bayakwazi ukuba uphi abazali

bakho?

Hayi.

Bacing' ukuba uphi?

Bacing' ukuba ndiyafunda egumbini lam.

Ndaye ndamgodusa,

Kodwa wala ukundibonisa kowabo.

Ngentsasa elandelayo
Ndakhangela kwincwadi
yefowni
Ndayifumana ifani yakowabo;
Ndafownela uyise ndathi,
Asazani sobabini,
Ndifowna malunga nentombi yakho
Ndiyichole eZwide ezinzulwini zobusuku.
Yhu…u…u!
Uthe ndingakuxeleli
Yhu…u…u!
Uncede ungamxheli.
Uyakuthanda.
Yhu…u…u!
Bendifuna nje ukuqiniseka
ukuba uhambe kakuhle.
Yhu…u…u!

NDENZELEN' IBALI

Kukho bani na ongandenzel' ibali?
Ndifun' ibali;
Hayi imfumba yamagama
Angasoze akhe bali limnandi.
Ingabi libali elityhafileyo
Eliza kubuna
Emlonyeni wegangxa.
Makondliwe le ndlebe yam ingoneliyo
Ngemifanekiso ekhethiweyo
Nezikweko ezitsha.
Ndiphakeleni izandi nemifanekiso embejembeje
Eza kunyumbaza iimvakalelo zam.

ISIMBONONO

Iingwevu zelali zancwina
Xa izizalo zazo
Zalandela ndlela zimbi
Njengoko nazo zenza njalo
Xa zaziselula.
Zabiza izilumko
Ukuze zalath' indlela;
Koko ulutsha lwaphendula ngezithuko
Njengoko benza njalo nabazali
Xa babevuthwa.
Iinkonde zathandaza
Ukuze amazul' angenelele
Laza laphendul' ilizwi lisithi,
Nakuvuna oko Nikuhlwayeleyo.
Bekhohliwe
Bazirhoxis' iilwimi zabo
Ezihlazekileyo.
Ayephel' emqaleni
Kungekho wambi.

Ulutsha lwangoku
Luza kuba ziingwevu
Zangomso zesixeko.
Nalo luza kukhwina
Xa abantwana balo

Behamba ngandlela zimbi
Nalo luza kufun' izazi
Zize kukhomb' indlela
njengoko benza njalo abazali balo.
Luya kuzibuyis' iilwimi zalo
Eziphoxekileyo
Xa abantwana balo bephendula ngobugwenxa
Nabo baya kubhenela kuSomandla
Kwakhona ilizwi liya kubakhumbuza
Ngenqobo yokuhlwayela nokuvuna.

Isizukulwana esiselula naso siyafunda
Ukuze sigqithise ngemikhuba
Yokuxuluba, ukutshisa nokuzithathela
Eyeza nabangaphambili;
Phofu ke yinton' entsha abanokuyifunda?

NDACETYISWA NGUMTYHOLI

Ndandiqhuba ndiphum'
edolophini
Amehl' wam' okhozi ambona
Elunxwemeni lwayo
Esiya ngaselokishini
Ethwel' ubhak' emqolo
Okwenyosi ivela kuhlangula
Yangongoza intliziyo yam,
Du…u…uh! Du…u…uh!
Du…u…uh! Du…u…uh!
Du…u…uh! Du…u…uh!
Kuba wayengamelanga
Kungena kuloo matyholo
yedwa
Nangaliphi na ixesha;
Ingengakuba kwakucholw'
izidumbu
Maxa wambi kule ndawo;
Kambe izidumbu zithi gqi naphi na ngoku.

Ingaba bethu ushiywe sisithuthi sakhe?
Okanye akanamali yebhasi neteksi?
Okanye mhlawumbi akalandwanga
Ukuphuma kwesikolo?
Le mibuzo yagilana
engqondweni.
Ndamisa,
Ndingenwe ngumbilini.
Wayeza kuthath' indlel' emfutshane
Kuloo matyhol' ashinyeneyo

Ukuya esixekweni.
Ndalindel' impendul' evela
ngasentla
Umzuzwana owaba ngathi yiyure
Kuba nam ndingumzali,
Abazali ke babafundis' abantwana babo
Ukuba bangazikhwel' iimoto
Zabantu abangabaziyo.
Ngoku, ndandiza kuchitha eso siseko
siluqilima
Ngelithi ndimsindis' engozini?
Ndandimelwe kukuhloniph' ilungelo
lakhe
Lokuzibek' esichengeni
Ndimangalelwe sisazela
Bonk' ubomi bam
Xa athe wahlelwa lishwangusha?
Okwetakane lahlukene nomhlambi
Wahlangabezana nelo hlathi limkhwebayo
Lizole okwenzonzobila yesiziba,
Kunjalo nje ndandisaz' ukuba
ndandingamnceda
Nto nje uMtyholi wandicebisa ngelithi,
Akaz' okuvuma ukukhwela
Uya kubekw' ityala lokuzama
ukudlwengula.
Ndamshiya.

Kwowu! Akwaba ndandikhe ndazama
Endaweni yokuphulaphul' usathana.

ISIKHUMBUZO SAMAQHAWE AWILEYO

(Lo mbongo ukrolwe kwilitye elisisikhumbuzo
samaqhawe ale ngingqi eliseMlotheni Memorial Park)

Mawethu! Xhoman' izibane zenu
Nibeke phants' iihabusaka.
Kweli bala masicul' ezosizi
Siculel' abantwana bethu
Nawathi amaqhawe abafela
Ebek' izimvo eziphakamileyo
Engqalene nokufa.

Uk' susela namhlanje
Eli litye malibe sis 'khumbuzo
Sezifungo esazenzayo
Kwabo bandulukayo
Beshiy' iintsizi zeenkedama
Xa sasicula
Singqukruleka ngenxa yaloo mbuqe
Sisith 'uthuli eluthulini, kwangaloo
mhlaba
Bazinikela ngenxa yawo.

Mawethu!
Masikhumbul' izithembiso zethu
Nokuba sekunzima.
Masikhumbule loo maqhawe
Awa kwisitishi sase-New Brighton
Nabo baxhonywa okweziswenye

Kwanabo basutywa eMaduna
eNorthern Areas
Kumadabi eelokishi zethu.
Khumbulani mawethu
Abo babhabha bengenampiko
Kwisakhiwo saseSanlam
Abo bojiwa eNkomati
Nangase-St. Georges
Nase-Post Chalmers
Besasazwa okomungu
Kumazwe ngamazwe
Behlakazwa kwelakubo
Amathamb' abo engenakuphumla
Ukuz' abuyis' iinkumbulo zethu.
Eli dwala lakuba sis' khumbuzo
Ukuze amagama, imizamo nokuzincama kwabo
kunganyibilik' okwenkungu yasekuseni.

IBHULORHO ENGAWELWAYO

Ndatsalela ilungu lePalamente
Elalingumhlob' osenyongweni
UnoBhala walo wafun'
ukuqonda, Ibiyintoni phofu?

Noko lo mbuzo wasithob'
isidima sam ndaziva ndisenyela.

Ndaphendula ngelithi
Uz' umnik' umyalezo wam
Uthi iinkowan' eziyityhefu
Zintshula phantsi
kwamabunga.
Ukuba ubuz'igama lam
Uz' uthi ibingumbhal'
okhutyekisiweyo
Ukub' ungandenzela loo nto
Uya kub'undincedile.

Kodwa wakhawuleza ngempendulo,
Wathi,
Amacikilish' awabhabhi
Ukuz' afuman' ukutya kwawo
ayarhubuluza.

Wabeka phantsi.

OKUPHAMBILI

Sekuntsuku ngoku
Inj' asekhay'apha ingasagoduki
Incame nezitya zayo ezinamafutha
Ngenxa yomsitho
Oze nenjakazi kammelwane.

EYABO IDEMOKRASI

Iingqimba ngeengqimba
zamangcwaba
Zifunjiwe kwelaseIraki
Egameni leDemokrasi.
Inyaniso yeyokuba
iDemokrasi yaseNtshona
Ithi ukuze ime
Zibe iziseko zayo
Zityabekelwe phezu kwezidumbu.

KUFUNEKA WAZI

Nyana, kufuneka wazi
Ukuba kukhw' ixesha ebomini
Aph' uya kwenziwa
Umth' omi wodwa
Aph' iintaka zakhela kuwo iindlwana zazo
Zibhuqe zonk' iziqhamo zawo
Ziwutyhole nangentyori yazo.
Khumbula ke nyana
Ukuba kungeli xesha
Aph' izitshingitshane zobomi
Ziza kukuvavany' amandla
Zikuvikiv' amasebe
Zikhangel' ukuba iingcambu zakho
Ziza kumelana na
Neenkqwithela.
Uze umil' ezintliziyweni
Zabo bakuthandayo,
Uye usomelela
Yimivumbo yokuzamazama
Kuba ubomi bendod' ethe tye
Buyityuwa yeli hlabathi.

KUFUNEKA NAM NDAPHUL' UMTHETHO

Ngequbuliso kuthi qatha
engqondweni
Ukuba ndithule le habusaka
Ndintumek' indlu
yePalamente
Ukuze nam ndibanjwe
Kuba andinab' ubuchule
Bokurhwaphiliza
Ukuz' usapho lwam lube
nebhongo
Njengabezopolitiko
Abangenazazela.

WEHLA NGENDLELA

Wehla ngendlela
Ebamb' inkuku
ehleliyo
Ngamaphiko
Kwesinye isandla ephethe
Ingxowana yamatswele
Neetapile.

INGOM' ENDALA

Ndiselula ndandingayiqondi
Intsingiselo yabo
Xa babe ndinyhanyhatha;
Ndandivuma konke
Noxa babengaphezi.
Kodwa namhlanje
Kuba ndiyingwev' enamava
Umongo wamazwi wabo
Ucace okwewaka leentsimbi zenkonzo
Zingxola ziphindaphinda zisithi,
Soz' ube nto!
Soz' ube nto!

BATSHO

Lifikil' ixesha lokuvukel' uThixo
Ucing' ukub' angasiloba
ngezulu?
Makahlehle
Ahlonel' umgaqo-siseko wethu;
Inkqubo yakh' iphelelwe
Woyiswa kukwenz' umntu
Ozelwe ngabesikhom' esifanayo,
Usana lwethu lwebhongo.
Ukuba loo nto ayinakwenzeka
Ngaske kwahlukwane.
Kakade nguban' osafun'
uThixo?
Bamisa loo nto.

IKHAYA LABANTU ABADALA

Ekugqibeleni isifo samathambo samxina
Samthumela elubhacweni kwikhaya labadala.
Sagqiba ekubeni simane simtyelela
Ukuze angabi nesizungu.
Kodwa ngalo lonke ixesha
Xa sifika
Sasidibana emnyango
Notyeshelo olungethi mandla
Lwevumba elibolileyo;
Umandlalo wakhe umanzi ngumchamo.

Ngamhla uthile
Seza nezibulali vumba
Ukuze sikwazi ukungena.
Abaphathi bathi siyaphazamisa.
"Abongi bethu bawuqeqeshelwe lo
msebenzi, ngaphandle kokuba ninyeke
izithuba zabo."
Indlala yayithe chu imkrwitsha;
Kwakungekho mntu umtyisayo
Naloo ntwana yayifika emlonyeni
Ngezo zandla zigogekileyo
Yayingakwazi ukusivusa eso sisu simcaba.
Sagqiba kwelithi sichwechwise ukutya
Ukuze sibambezele ukufa kwakhe.
Kwakhwina abahlobo bakhe,
"Ncedani nisiphe bo,

Nathi siyalamba
Asiphiwa kutya!"
Ngaminazana ithile
Abaphathi balibhaqa icebo
lethu *"Siyanibongoza bantu,*
San' ukubapha ukutya
Kuba baza kuyiqhela loo nto
Nibe ningekho xa siphipha."
"Hayini bantu, yibani nosizi!
Nabo bangabantu
bakaThixo!"
Wakhala watsho owakwam.

EYAM' INDIMA

Ndigqibe kwelokuba ndiyelul' imihla yam
Ukuze ndinik' abantwana bam' iingcambu
Zokumelana neenkqwithelo zobom.
Ndingakhanga ndiwuwele loo
mmango
Ndakuba ndoyisiwe kugqatso lwam.
Ndicelwe ukuba khe ndihlal'
iminyakana
De ndibhal' umbongo
Oza kupopol' inzulu yeengoma zam,
Emva kokuyivikiva kangak' inyaniso,
Izifundiswa zakulidlakaz' ingcwaba lam.
Ndibongozwe ukuba khe ndihamb'
umganyana
Ndizame ukwenz' umrhiba
Kuba akuncedi nt' ukukhala
Xa ligqekreza.
Ndizaw'khe ndiphil' iminyakana
Ukuze ndicweye noThixo
Phambi kokuba ayikhalis' intsimbi
Makaneke kaloku ugaga lwezono zam
Andichazele ngeenkcukacha zesivumelwano sam.

UHAMBO

Ndiseyityhagana
ndandirhubuluza
Njengoxam
Ndingena kuvimba
womfama
Ndifun' izikhweb' ezomileyo
Ukuze ndidodobalis'
iphango.
Kodwa namhlanje
Iimpiko ezibhakuzayo
zomoya
Zithwala loo mabali.

SIBULAHLILE

Ndangena kwelinye
lamatyotyombe
Anxwem' amangcwaba.
Uzenzele wefenitshala
Wawatsala amehlw' am;
Imilenze yetafile
Yayiyeyedesika yesikolo
Umphezulu wayo omfusa
nongqindilili Ililitye lengcwaba,
Ubunini bokugqibela
bukamfi;
Endicing' ukuba igama lakhe
Lalingaphantsi.
Ndathetha ndedwa ndisithi,
Ingab' intlonipho yethu
Yehla yaya kutsho kulo mgangatho?
Ndaqonda ukuba
Abantu babulahlile,
Sibulahlil' ubuntu bethu.

ASIZIKUTHULA

Bangafana baval' iindlebe
Amazw' ethu asiz' ukuwaqab' i-oli
Sithwal' izandla sinikin' iintloko.
Umntu odla itolofiya
Makacinge ngeziphumo
kuqala
Kuba iimfihlelo esinazo
Nangona zizole
okweendudumo
Azigcinelwang' iindlebe zethu.
Singxola ukuze sithothise
Ingqumbo yamazwi angathethwayo
Abila kwiimbilini zethu.

ANDIZANGE NDIME

Iikilometa ezilishumi ngemini
Yayingumgama wemihla ngemihla
Wokuzilolonga kwam.
Ndandiphuma endlini ekuseni
Ngentsimbi yesine
Singekavuki isixeko.

Ngantlazana ithile
Kumolulo wokugqibela ondigodusayo
Ndakhawulela ityhu yesiqhelo
yabasebenzi
Kwisikhululo sebhasi
Ubuso babo babujikile
Bejonge ngasemva ethafeni
Apho ndandikhwetywa
yindledlana
Eza kundigodusa.
Ndathabatha le ndledlana;
Ngoko nangoko nam ndazibonela;
Ndayibona le nto
Itsala umdla wabaphangeli.
Isidlwengu
Sasimunamunana nomongikazi
Esizikithini sendlela
Simrhuqela kwindawo engekho
mehlweni
Okwerhamncwa lasebusuku
Likhekhelezela kwindawo enobumnyama

Kude nabaphangeli aboyika
Isinkempe esasisiphethe.
Ndaya ndibaleka kubo
Kuba babesebenzisa
Indlela yabantu.

Sathi sakuwabona amendu wam
isidlwengu
Sema phezu kwakhe
sandondela
Okwerhamncwa ligade ixhoba
Isinkempe simenyezela;
Ndandisiza ndigabadula.
Sema kakuhle
Salungisa isixhobo
Kodwa ndeza ndingathandabuzi
Isantya sam singatyhafanga.
Athi amehlo wam akudibana
Nobukhulu beso sixhobo simenyezelayo
Kwangena umoya wentandabuzo
Kodwa umoya wam wathi,
Sukuma ngoku! Yiya! Yiya!
Umhlangule!
Urheme watsiba
Ngomtsi wedimoni
Ebaleka elo rhamncwa lizayo.

Ndema ecaleni kwexhoba
Ndikhangela umonzakalo
Phambi kokusukelisa eso sigwinta.
Kodwa ngephanyazo
Okwespringi esishwabanayo
Wandithandela emilenzeni
Ngengalo zakhe
Egixa kalusizi,
OkukaYakobi engqulana nesithunywa
Engavumi ukundiyeka

AWU THIXO WAM!

Kwidabi lethu negongqongqo
Ingathi saphazama
Ngokwenza umbhodamo.
Abantwana bethu
namhla
Baqhelene
nombhodamo Bachasene
nentlonipho.

SAZIHLAMB' IZANDLA

Ekubuyeni kwethw' emadlelweni
Umoya wawuse utshayele ngokungxama
Wonk'uvobe namabibi endleleni.
Ukusuka kwisiduli esitsha somhlaba
Ukuy' embindini wendlela sazibona
zilele
Ezinye zingcolile zichachambile
Imiqheba yophukile.
Saziqokelela zonk' ezilungileyo

Senyuka saya kweso siduli singabiyelwanga
Safumana ezona zikhulu
Zibekwe ngaphezulu
Kuhonjiswe nangentyatyambo;
Sasingenako ukuzithwala zonke.
Ngokuqinisekileyo
UMakhulu wayeza kusivuza
Ngenkathalo yethu.
Okwakumangalisa kukumfameka kwabantu.

Sangena ebaleni
Sihambela phezulu
Sitsawula imilenze.
'Makhulu! Makhulu!
Sikuphathel'izitya!'
Waphuma esitiyeni
Okwengelosi eselweyo.

Ngephanyazo waba sisimo setyuwa
Amehlo engawendubula ekhamisile.
Wathwal'izandla wagqusha ehlahlamba
Efunzele kuthi
Ekhwaz' igama lomfikazi
Umntwana wakhe.
Sasize nokufa ekhayeni;
Umzala wayetyhola mna
Lo gama ndandikhomba
kuye;
Kwakungasenani
Kuba izandla zethu zazizele.

Umakhulu wasikhokhelel'
emadlakeni.
Ekubuyeni kwethu
Salinda ngasesangweni
Utat'omncinci weza namanzi
ukuze sihlamb' izandla.

ULOYISO

Intliziyo yazaliswa yimincili
Akufika unyana
Ehamba nomzukulwana.
Yayiyiminyaka emininzi
Indlu yakhe
Ithwaxwa sisizungu.
Utat'omkhulu
Owayeqhelene nenzolo
Nobulolo bebhedi yakhe
Nesizungu seendonga
Wazibona erhangqiwe.

Unyan' akhe wayemshiye nomzukulu
Owayerhuqa izitulo,
Esasaza yonk' indawo
Exhumaxhuma ebhedini
Kwisisu esitamtam
sikaMkhulu.
Wayesithi akuzilalisa
Ngexesha lokuphumla lesiqhelo
Ngelithi ubaleka esi sohlwayo
Ahleke umzukulu okweng'ang'ane.
Wazama ukucela inzolo
Kolo ndwendwe lwakhe
lunamandla
Awayevingce neendlebe zalo.

Akuyikhalimela
Le setlari isakhulayo
Zang' inikezele
Ngelizwe layo elifumeneyo.
UMkhulu wanyamezela umvambo
Emana etshixiza loo mazinyo aseleyo
Ehlafuna umsindo wakhe.
Lathi xa liya kunina
Kwiintaba ezikude
Yaba isetlari elula sele iliphumelel' idabi.
Yayizama nokutshisa
Umandlalo kaMkhulu.
UMkhulu onikezeleyo wambukela
Ezamazamana nematshisi
Entumeka ibhedi yakhe;
Eqhwitha imicinga
Intumeka icime,
Intumeka icime
Intumeka iikona zomatrasi
Omnye emva komnye
Ecimileyo izalise ikhapethi.
Wayehleli phantsi
Imatshisi isesandleni
Iminwe enomonde iqhwitha
Intumeka icime,
Intumeka icime

Umatrasi enganikezeli
Kuloo malozilozi azingileyo.
UMkhulu wawubukela lo
mdlalwana

Esineka kuntumeko ngalunye.
Wanikina intloko wancwina,
Mh...h...h...m!
Wathabatha umnqwazi
Nesilamba sakhe
Emva kocango
Wanxiba.
Wanyeka umzukulu wakhe okokugqibela
Wanikin'intloko waphuma
Wabuya nocango.

IINTABA ZEBHUKAZANA

(The Hogsback Mountain)

Umqhorho weentaba zeNkonkobe
Ziqhogene neBhukazana
NoNontongwana
Zenz' uludu oluliCangca
Zingcotshe ngokoyikekayo kwabasemzini
Ziphakame ngokunjalo kubahambi
Nangona zintloni ngexesha lemvula Zizifihl'
enkungwini
Ebusika zambath 'ingub'
ekhephu;
Likhaya kumhlambi
weengulube
Ubutyebi kuhlanga lwasemaweni
Utyani nezixhobo
Ziliqhayiya lesandla sikaMdali
Elikrolelwe loo miphefumlwana
Ineenkululeko eluntwini.

Ndikhanuka loo maqunube
Iziqhamo nezilwanyana.
Ndikhumbula loo mawa
neengxangxasi
Zibharhumla inkung' emhlophe
Eyayindikhwankqisa ndiselula
Imimangaliso kaSomandla;
Imithombo neentlanjana
Engazani nambalela,

Ndinxanelw' amanzi azo.
Ndilangazelela ukubon'izityalo nemfuyo
Imveliso yabalimi
Kumhlaba oyindlezane
Kwabo bawulimayo.
Kwowu! Ndikhumbul' isikhalo sexhalanga
Lilangazelel' umlu wehashe
Elifik' emdeni wobomi balo.
Ndaba ngaya ngapha nangapha
Ndanxuswa bubusw'
endingabaziyo.
Amagama ezihlobo zakudala
Ayengaziwa nokwaziwa.
Apho kwakusakuma amakhay' azo
Kwakumil' imith' emide
Apho ndazalelwa khona
Kwakuncum' elikhul' idama
Elaliginye yonk' imbali ngam.
Ndafuna ukuhlahlamba
Koko babeya kuhleba bathi,
'Bendikuxelel' uphambene!'
Ndajonga kuloo ntaba ndifun'
impendulo
Yasuka yangcotsha ngokoyikekayo.
Ingaba eza mfene neembabala
Esasifudula sizizingela
Zazinokundikhumbula bethu?
Ndaziva ndinxaniwe
Koko imithombo yayomile.
Ingaba imingcunube imi-oki namatye

Zazisenaw' amagam' esasiwabiza ngawo?
Kowu!
Mhlaba wookhokho,
Kudala ndemka kuwe
Kodwa unditsala okomnatha.

ISIKHUMBUZO NGOSIZWE KONDILE

(USizwe Kondile waxhwilwa kwelabeSuthu ngabezokhuselo beli baloo
maxesha. Waye wavalelwa wangcikivwa eJeffrey's Bay.
Watofwa ngesitofu esinetyhefu waza engekho zingqondweni
wasiwa eNkomati apho wadutyulwa waza watshiswa khona lo
mzuzu ababu lali babesoja inyama).

Waxhwilwa efonini
Ngobuchule bexhwili
Wasongwa wasiwa kwelakubo
Ukuz' akrazulw' umphefumlo.
Isikhalo sakhe salizalis' elokuzalwa
Babuzana abantu besithi,
'Sakube simbone yhini na?
Bakuze bawuyeke nini lo mkhuba?'
Nangona wayekufuphi
Kodwa sasingazi.

Ngeenaliti zokufa
Wakhutshw'ubomi
ENkomati benz' isityikityo ngobomi bakhe;
Isithonga sompu satywin' isigqibo nosathana.
Babehleka xa babemntumeka
Besenz' idini kwizithixo.
Babetyhuluba beyiyizela
Lo mzuzu besoj' ecaleni

Bephemba ngamalahl' akhe
Besitya besela bonwabile
Besenz' umthendeleko kusathana
Becel' umngeni kuThixo.
Bamtya abashiya
nethambo
Esinokulingcwaba
Esinokulingcwaba.

UMBUZO

Bathi abantu abantwana bayafana
Kodwa iyandikhwankqisa
Indlel' abatshintsha ngayo namaxesha.
Siselula sasingabuz' ukuba kutheni n' abantu
Bephos' amaty' emlanjeni nje
Xa beza kuwela ngongcwalazi;
Nokuba kwakutheni sinqandwa nje
Singalathi ngomnw' esibhakabhakeni.
Sasingabuz' ukuba kutheni le nto
Abadala babesothuka nje
Xa umqha unquml' ebaleni
Okanye xa isikhukukazi sikhonya.
Sasingabuz' ukuba kutheni le nto
Abazingeli babegoduka nje
Xa uxam okanye inyoka
Ithe yanquml' indlela yabo;
Nokuba kwakutheni
Abalimi babe ngalimi nje
Kungagrunjwa nemingxuma
De kungcwatywe loo mnt' ubhubhileyo.

Namhla ndingumzali
Bayandibuz' abantwana
Ukuba kutheni le nto ndisingcwaba
nje Isilwanyan' esibethwe lizulu?
Bafun' ukwaz 'ukuba kutheni

Ndizihlupha nje x' ibubu
leenyosi
Lijing' emnyango?
Kutheni ndimatsheka nje
X' isikhova sikhuza phezu kwendlu yam?
Kungekudala baza kundixelela
Ukuba kuthen' abafazi bencina unina nje
X' usana lungalifun' ibele lakhe
Kodwa luncance komnye umfazi.

Ingaba kungenxa yokuba bebuza
Litshintsha nje eli lizwe?
Okanye eli lizwe litshintsha
Ngenxa yokuba bebuza?

BAZA KUDLA NTONI?

Yaba ngumbhodamo ukufika kwamapolisa
Ezokuvingcel' abasemva ngerafu.
Kwakhona ihlath' eliwaziy' umcimbi
Lawakhweba ngokungxama
Amadod' elali
Ukuze liwafihl' esifubeni
Kodwa utat' omncinci
Saphinda samngcatsha
Isifo samathambo.
Bakhala oomama
Iintliziyo zinxunguphele.
Wajweda nomzala wam
Onganyelwe luloyiko.
Sasiqala ukubon' umntu okhonkxiweyo.

Ngamhl' uthile abuya la mapolisa
Salunguza sikhangel' utat' omncinci
Ayengezanga naye.
Ixesha elide,
Phantse yonke imini
UMkhulu noMakhulu
Babexoxa nepolisa elimhlophe.
Kwakukho nelimnyama
Elalidume ngokungcikiva
Limi qelele ngasebuhlanti
okwe-*skalpanda.*

Ndandiqala ukubon' iinyembezi
Ebusweni bukaMakhulu;
Umsindo kaMkhulu
Wawuphuma ngeempumlo.
Akuzange kutyiwe okanye kuphungwe loo mini.
Iindwendwe zemka ukujika kwelanga
UMakhulu exhelekile
Ephindaphind' umbuz' omnye,
'Baza kudla ntoni?
Baza kudla nton'abantwana bam?'

Ngongcwalazi kwafika ndod' ithile
Eyaqhuba zontathw' ezo ntsengwanekazi
Amathol 'azo kunye nenye eyayikhulelwe.
Yaziqhuba yemka nazo.
Yemka nab' ubutyebi basekhaya
Amas' esasiphila ngawo
Isidima nebhongo likaMkhulu.
Zaziya kukhulula unyan'akhe
Owayengumlwelwe.
Intlungu yawuqhobosh' umqala
wam.

Babeza kuwazi amagam' azo?
Babeza kuza lusel' emasimini
elusini?
Bazinik' ikafu netyuwa?
Yayiza kuthini laa lusin' isekhaya?
Sasiza kusenga ntoni?
Zitye ntoni zon' izinja?

Amaselwa ayeza kuqutyudwa ngoku?
Zazingayi kuphinda zikhatshelw'
emadlelweni.

Yaqengqelek' iminyaka
Ikhaya liphantsi kwengub'
entlupheko.
Namhla ndazi ngokumhloph' ukuba
Ubonwa ngokubhitya kwezinja
Umz' ekulanjwayo kuwo.

UKUBILA KWAMABUNZ' ABO

Bakuba belingqule baloyisa
Irhamncwa elineentlokw'
ezisixhenxe
Bawufak' umzimba walo
Kwingcwab' elingenasithunzi
Babuy' ukuze bakhe isizwe.
Bambi kwabo babekwa kwizikhundl'
eziphezulu
Banting' el' ezikwenkwezini
Bafana neentak' ezihlala kumth'omkhulu
Ezithi zifudukele kwimithan' ekufuphi
Lakuw' ityholo lazo.

Ngokuthemb' abo banentlantsi
yolwazi
Ukuba babakhokelel' ekukhanyeni
Bebakhuph' ebumnyameni
Baphazama.
Phofu babelunyukisiwe
Ukuba abo yayingoonogayoyo
Babaphathi abakhiqiweyo;
Iintshaba zeDemokrasi
Nekwakufuneka zichwethiwe;
Oomathatha ngozwane
Beza kuxhamla iziqhamo zokubila
kwabo
Okwesibetho seenkumbi.

Abangxongx' ezikhundlen' eziphezulu
Abanak' uziva izikhalo
Zabo bangezantsi.
Babon' izisu zabo zendlala
Bacing' ukuba
Bahluth' amakhow' entwasahlobo.
Abathethi nto ngezinja zab' ezibhenileyo.
Kambe ngekhe bacinge ngabalambileyo
X' izisu zabo zichasele kangaka.

UBUNTU

Ebomini bam ndiye
ndatyala
Imbewu nezithole
Ezingakhulanga kuyaphi.
Nangon' imbalwa
Ndiye ndatyala nemithi
Emithunz' iginye isithunzi sam
Nebude bufinc' ubunganga
bam.
Kuligugu ukukhulis' abantwana
Nangona kungumnqantsa;
Intsini yab' elula
Iba sisikhanyis' ebomini
bam
Kodwa ukwaphuka kwabo
Kundixhel' umphefumlo.

ISIMATHANE NOBUTYEBI BASO

Wayephethe ngesandla
Ilitye elibengezelayo
Emana elibeka phantsi
Alifake nasepokothweni
Engaqinisekanga
Yindawo elifaneleyo,
Kuba wayelithanda kakhulu.

Uza kuyenza ni le nto?
Wabuza umntu ekhwankqisiwe.
Ndiyayithanda;
Ibonis' imibal' emihle
Xa ndiyijongis' elangeni.

Ndiza kupha iintlanzi zibe
mbini,
Masitshintshiselane!
"Nyhani?
Ndilandele masiye kwam
Ndiza kunika.

Bajikela emva kwendlu
Beyokutywina
isivumelwano
Apho idayimani ekrwada
Kwananiselwana ngayo.

Isimathane sagoduka,
Sihamba sikhaba imilenze emoyeni
Sivuma, umlomo uzele yintlanzi.

IMIZEKELISO EMITSHA

Iingcungela zamasela
Azinako ukwenz' ikhaya elinoxolo
Nditsho nokuba bonke
Bangamasela kwelo khaya.

Alikho inxeba elinzulu
Ukogqitha elenziwe
sisizalwane Kuba sona
sisondele.

Banako na abo
Bangcathu ngenyaniso
Oodelihlazo
Ukuzal' imithathi?

Ukuba inyoba yengcambu
Ayiwufezekisi umsebenzi wayo
Isityalo asinakuphila.

Wabuza ukuba kutheni na
Ndingalibhali ematyeni nje igama lam?
Ndamphendula ndathi,
Ndilikrola ezintliziyweni zabantu.

Amasela awucula umhobe
Ngokugqithe wonk' ubani
Indwe ayiphakamisele phezu...u...u...lu.

Ndiyafana nomntu
Otshaya inqaw'emoyeni;
Akukho undiphulaphulayo.

Intombi yakhe wayifundis'
ubuchule
Kumdlalo kandize
Yaye yakhulelwa
Yamfihla umenzi.

Umthi ungaqhama uyokozele
Kodwa ngekhe uzixhaml' iziqhamo zawo.

Ubaw' omkhulu wayengenayo
Impompo yamanzi
Emzini wakhe.
Kokabawo yaba nye
Kowam zintandathu.

Zininzi izandla ezakh' indlu
Kodwa zimbalwa ezoth'umlilo wayo.

INENE SAKUVUNA SILILA

Isizwe sithule ngoku
Akukho nto inob' ithethwe.
Ngentloko ezithokombisileyo
Masizilel' isono sethu
Iindwe maziphaphel' ezantsi. Ubuntu
namagugu ethu siwanyhashile Ngenxa
yenkcubeko yaseNtshona
Ewenze ihamte amaphuph' esizwe.
Zinceda ntoni ke iilwimi zethu
Eziyotywe yiwayini
Xa zifunzela ulutsha ngamampunge,
Nezithembis' ezityhafileyo
Babe beseyela?
Ookhokho babebetha ngezikaTshiwo
Bethe qhiwu izilevu phambili
Besikhokelel' enyanisweni
Nakwindlela ezinik'
impendulo
Kukubila kwabo.
Kunamhlanje sitenxile
Senziwa mhlophe.
Ubukhazikhazi baseNtshona
Esibugone ngezingenamikhinkqi
Okwentlwath' inkony' ixhoba
Busikhonkxe izandla

Basimpumputhelisa.
Kungelishw' ukuba abantwana
bethu
Abaphuphuma lulwazi
lwaseNtshona
Bengazani nentlonelo
Benanisa ngenkcubeko yabo.
Inene sakuvuna sigixa
Sigxobh' umsinga ngasentla nje.

YENYE KE LE!

Mayibe luxanduva lwethu
Ukumphathela ilinen' ecocekileyo,
Simhlambe simtyise yonk'imihla.
Usalelwe ziintsuku ezimbalwa.

Wathi akuyithetha le nto unkosikazi
Lwaqothola ulwimi lwam.
Abazali bam zange bazi
Ukuba kwakuze kubekho imihla
enje
Apho ndandiza kucelwa
Ukuba ndihlambe umntu ofayo.
Mihla le sasityelela ikhaya labadala
Ngeny' imini wandicela unkosikazi
Ukuba ndifafaze elo gumbi ngesibulala vumba.
Ndiza kufundisa ke ngoku
Ukuhlanjwa kwesigulana
Nokutshintshwa kwelineni.
Ndiyakucela sthandwa sam,
Sukundifundisa;
Ungaphaya kwamandl' am lo
msebenzi;
Andizi kulunga ukuwenza.
Ngutat'omncinci wakho lo!
Igazi nenyama yakho!
Ucing' ba kumnandi kum?

Uw' ufundele lo msebenzi;
Ndiyakucela sthandwa sam
Ndiya kubuya emva kweyure.
Andinakuwenza ndedwa lo msebenzi
Ndiza kuding' uncedo;
Umnt' ofayo unobunzima
obongezelelweyo,
Yima emva kwakhe
ngolu hlobo
Ufak' izandla zakho phantsi kwamakhwaph' akhe
Umfunqule.
Hayi sthandwa sam,
Asingowamadoda lo umsebenzi
Ndiza kubuya ndiz' okuthatha
Wakugqiba.
Khawuke uzibeke ezihlangwini zakhe
Kube kanye nje qha
Undixelele ke ukuba le nto uyithethayo
Iphuma entliziyweni yakho nyhani na?
Kulungile ke, ndiza kumfunqula
Wena wenze yonk' eny' into.
Andizi k'phosisa ndithi
Kukho usuku olwakha lwandiyolela
Kolo tyelelo.

UMFAZ' OLOBAYO

Ndiyafunga nanamhl' oku
Ukuz' ihlabathi lazi
Ukuba okoko ndambonayo
Umphefumlo wam wangqukuleka
(Nangon' iminyak' emininzi seyadlula)
Ngokungafaniyo nenkunkuma
Enamathel' emqhagini
Nethi iwe wakuzivuthulula.
Ntlungu ni le yamgxoth' eluntwini?
Wayefudul' esela kuwuph' umlambo
Phambi kokuba azifihle
kwizaqhwithi zolu nxweme?
Yiminyak' emingaphi ehlal' apha?
Magunya mani awayenawo?
Way' engubani?
Kodwa ndandisaz' ukuba
Lo mzuzu isikhova sasinxwal' indlu
yakhe
Le nyaniso yayiya kunqaba
Okomthombo wobomi.
Sasicanda kolo nxweme ngesithuthi
Sidlula iWhite Sands ukuya eWoody Cape
Xa omnye wasikhumbuz' esithi, "Siza
kudlula kumfaz' olobayo."

Nangona ndandikhe ndayiva le nto
Ndaye ndacinga ngesimo
samatye.

Sambona lo mfaz' eloba exhwalekile
Ethwaxwe ziinkqwithelo namaqhwa
Embeth 'ingubo yendlala
nentlupheko
Efana nqwa nalo matye
Urhoqotyeni wenkqantosi.
Wayekhethe ubulolo.
Gcwizi angasiboni!
Ok' onontulo obhadiweyo
Wagqotsa waya kutshon' ephempeni
Eye kufihl' ihlazo lakhe.
Ngokuye sisithela
Ndambon' eman' ekroba
Okwecikilish' elothukileyo.
Wayefun' ukuba yedwa
Okwenkom' enetshobo
Phakathi kwezixhobo
nodobo
aphulaphul' intsini yamaza
Inzwinini yoomamlambo
Izithuko zezikhova
Apho amathambo akhe
Ayeza kuhombisa
Olo nxweme luthe zole.

ITYATHANG' ELIQHAWUKILEYO

Lo mzuz' ityathanga lisamanyene
lingenamhlwa
linik' intsholw' emyoli
De kubekho inkasayiy' eqhawukileyo.
Xa lithe lahlonyelelwa
Intsholo yalo ngekh' iphind' ifane.
Ukuba la nkasayiya ithe
yatywinwa
Ukomelela kwayo kokrokreleka
Kuba inesiva sanaphakade.

INGQINA NGEKRISIMESI

Ukuphuma kwenkonzo
Satyelela ikhaya lomhlobo wethu
Ngethemba lokubungezelelwa
Kuba kumzi ngamnye
Iitshimini zaziqhuma;
Yayingumhla weKrismesi.
Kwakuthen' ukuze singazi
Ukuba uNkosikazi van Derk
Wayeza kunxanelw' igazi ngolu suku?
Sambona ecand' ithafa
Okwembabala yolwantunge
Eshiy' usapho lwakhe
Olwalugcakamel' ilanga.
Sasahlulwe naye
Lungqameko lwamaqunub'
asendle
Eman' enyeka esinyondla
Okwenyanga phantsi kwamafu
Kwabakh' ukukrokra ezintliziyweni
Xa saqaphel' ukuba
Wayondele kuthi
Kuba sasisaz' ukuba
Iindlela zethu
zohlangana phambili.

Ndabuza kumntakwethu,
Ungxamele phi kangaka lo mfazi?
Waphendula ngelithi,

Uqhewula thina
Masibaleke.
Eyam impendulo yathi,
Awubhadlanga ke ngoku.
Senzeni?
Yaye lusuku lweKresimesi
namhlanje.
Eyomntakwethu kwelo yathi,
Ndiyemka mna ngoku, ungandifuni
Lo mfaz' unentliziyo yelitye
Ngangokuba wakha wabulala
ngaphambili.
Wawafinca lawo sel' emgama.
Nok' uyayibaxa!
Ndakhwaza ndimkhaphela.
Ndaphinda ndambona lo mfazi
Ekupheleni kongqameko
Ephethe intw' ekhazimlayo
Eqhelekileyo noko.
Kwaphantse konakala
Ndingekayifuman' inyaniso.
Ndenza owehlosi
Yeka ke emva komntakwethu
Nowayemgama ngoku nje.
Satsho isithonga ngasekunene
Ndayiva ibila imbumbulu phezu kwam
Ndiphaphatheka njalo.
Ndandingazi nokuba ndime
Okanye ndisindise obam na

Kuba wayengathi ufuna sime
Nangona wayengaphethe
mpunga.
Kutheni wayengasikhwazi nje?
Saphinda esinye isithonga
ndaziphosa phantsi
Ndabona nomntakwethu
esiwa
Ndacing' ukuba woselwe;
Wabuya wavuka waphathelela
waya kwela egcumeni.
Savakala isithonga sesithathu
Ndayiv' imbumbulu ihluhluza
Igqitha kwindlebe
yasekunene.
Umyalezo waye wacaca.
Wayephum' ingqina;
sasizizilwanyana
zokuhombis' isidlo sakhe
Xa esenz' umnikelo kuSathana.
Igcume, izixhobo nentlambo
Kwakunye nendulana eshinyeneyo
zandamnkela ngezothando
Umntakwethu wayesel' epholile
esifubeni sale nduli
Phakath' emafukufukwini.
Sasidlakadlaka
Sisopha sigruzukile;
Amadol' wam ayegevezela
Imiphunga ngathi

ikrazukile.

Umfaz' omlungu wayesazingela
Ngononophelo nangocoselelo
Eman' etsiba phezu kwamatye.
Isixeko siphume sonke sikhwankqisiwe
Bengaz' ukuba nezab' intliziyo
Zazisinde ngezikasibi
Kwiimbumbulu zakhe.

UKUTHWETYULWA

Ndema phezu konxweme lweTyhume
Ndibukele ndiphulaphule
ukundumzela Kwaloo msinga
uqumbileyo
Uxhakamful' usiphula uvobe
Usihla nawo kuloo majikojiko
Okwegongqongqw' elivuswe lilele
Lityumza yonk' intw' esendleleni.
Ngaphesheya komlambo
Kwakukh' umongikazi
Owayezam' ukuchankcatha
Phezu kwamaty' arhaxwe ngamanzi.
Esiza nganeno.

Ndeva ngesikhalo ndaphakamis' amehlo;
Umsinga wawumnqakule ngemilenze
ngephanyazo
Umval' umlomo umrhuqela
Ngaphantsi;
Kwaba ngenkankulu angalahleki
Naloo vobe wawuqukuqela.
Umsinga wawumrhuqa ngentloko
Emana etshona evela
Erhiphula yonk' into
awayenokuyikrweca,
Kodwa imithi
eyayiselunxwemeni
Okoluhlu lwembeko

Yayihlamb' izandla zayo.
ITyhume lalimthwebula
Liza kunikela ngaye kwizithixo
zalo.
Andinaw' amazw' okuchaza
Ukuba ndaziphosa njani kwelo
rhamncwa Ndidela uburhalarhume balo.
Ndajijisana nalo
Ndikhabakhaba ndiphos'
iimpama
Ndihlangula elo xhoba
lirhaxwayo
Nelalongezelelw'amandla
Lisilwa nelo rhamncwa
lilithwebulayo; Lindikrwitsha
lindifonya
Ukuze ndibe lidini
Endaweni yalo.
Lonk' elo xesha
Lalicengcelez' ingoma yokufa
lisithi,
Ndibambe, ndibambe, ndibambe!
Lityityimba ngathi ngumamlambo.

IMO YONXUNGUPHALO

Ingxaki emandla
Yandikhuph' endlini ngalo ntsasa
Indisa kwesinye isixekwana.
Ndabon' umkhos' uhambahamb'
ethafeni
Ndingaz' ukuba uze kurhangq'
eso sixeko.
Ndathi cebu kuhola wendlela
Ndathath' emfutshane
Enqumla phakathi kuloo
mkhosi
Neyayiza kundifikisa
kamsinya
Apho ndandisiya khona
Stop that car! Stop it!
*N*deva umphathi-mkhos'
ekhwaza.
Ngoko nangoko
ndamiswa.
En waar gaan jy nou?
Nie ver nie
Net om die hoek, Sersant.
Jy kan nie.
Jy moet om die roadblock deur ry.
There's no need for that, Sir;
otherwise I'll be late.
Ndehla emotweni ndabaleka
Skiet hom! Hy moet nie weg gaan nie!
Skiet hom!

Wakhupha umyalelo kumajoni omkhosi.
Ndanyeka ngemva
Ayeguqe ngamadolo ejolise kum
Ndakhetha ukungawasi so.
Yayiyintoni ingxaki yawo
Kuba ndandiza kubuya
Ndiwanelise kwezo zikrokro zawo?
Awazange adubule
Ndabaleka ndinyuka isitrata
Ndileqisa apho ndandisiya khona.
Ekubuyeni kwam ayesalindile
Emile endipopole ngemipu yawo.
Ndandibaleka ndisiza kuwo
Okomntwana esiy' ezingalweni
Zikayise.
Ndandifuna babon' ukuthembeka
kwam;
Koko umbhobho wembumbulu
Walibulala elo bhongo.
Why didn't you stop when we ordered you?
Do you know that you almost got killed?
I was going to come back, Sergeant
My message was urgent
besides, I was going just round the
corner.
Jy praat kak nou!
Maak seker hy ry terug na die roadblock!
wayalela elinye lamajoni
But that's too far, Sergeant,
Surely you can search my car here
or should I search it for you?

Do as I tell you, now!
Do you think we've come for a circus here?
Koporaal! Stuur hierdie vuilgoed na die roadblock,
Ek is gatvol!

UTHINTELO-MOTO

Ndafika kuthintelo-moto
Ekungeneni kwelokishi
Ngolwemivundla.
Ndamiswa lelinye lamagosa
Awayebizwa ngokuba
ngoTshaklas*
Nelathi, *Phuma!*
Siza kuhlola le nqwelo yakho!
Siph' isazisi sakho?
Ndalinika elo cwecwe
Ndifixekile mpela
Kuba babedume
Ngokukhuph' imiphefumlo.
Laye laqwalasela eso sazisi.
Kuye kwasondela umhlobo walo
Obhinqileyo
Nowathi akundijonga wafixeka
ngumsindo.
Ingaba nguwe lo?
Wawungaz'ukuba sakuphinda
sihlangane
Laa mhla wawusithuka?
(Ndiyaqala ukumbona ke lo;
Ndazithethela bucala).
Ndithetha nawe sibhanxa!
Wahlahlamba esondela
Amehlo ingawedimoni.
(Umntu owakha wandithuka ngolo hlobo

waphelel' esibhedlele).
Waye wadamb' umsindo kum
Wonganyelwe luvalo
Ndakhumbul' ukuba
Ithontsi le-oli liyaliphembelel' ilangatye.
"Dad'ethu, uyaphazama,
Asazani sobabini".
Uthi nyhanyhethu? Nyhanyhethu?
Siphukuphukundini!
Wazama ukuxutha umpu kumlingane wakhe
Nowathi akavuma, embongoza;
Nto leyo eyamphambanisayo.
Abanye abahlobo bakhe baye basondela
Ukuze babone ukubulawa komntu.
Ndaqonda ngoko nangoko
Ukuba imini yam ifikile.
Ngokungxama waya
Kwinqwelo yomkhosi ekufuphi.
UTshaklas wabuyisa isazisi sam
Ngeliphantsi wathi,
Stata imoto yakho uhambe!
Umfaz' ophambeneyo wabuya;
Ngomsindo wahlikihla umpu wakhe kwakanye;
Ngoko nangoko laqina ulwimi lwam.
Lilonke uza kundibulala ngoku
Athi ebezikhusela
Nobuchopho bam
Buhombise umphakathi wale moto,
Ndazixelela loo nto.
UTshaklas wandifihla ngomqolo wakhe

Eneke izandla okomfuyi exina ihagu
Ngeli xesha abahlobo bakhe
Babe zama ukumrhangqa.
Wamcenga lo mfazi ukuba angandibulali.
Wathi kum ngelipholileyo,
Qhuba imoto uhambe.
Ngoloyiko ndayisusa imoto
Indlebe zilinde isandi
Sokugqekreza kwezulu.

* amapolisa awayeqeqeshelwe ukulwa namatsha- ntliziyo

IINTLIZIYO EZINYANISEKILEYO

Mhla ndandiqal' ukumbona
Intliziyo yasuk' esihlalweni.
Yaba ngathi ndiyalama;
Isithixo sasizekukrun' iintliziyo
Ezimsulwa.
Wayezifihl' ephi
Kanti singoomakhelwane?

Imini nobusuku
Wazilawul' iingcinga zam
Umphefumlo uxhelekile.
Kusenjalo waphinda wanyamalala
Okomshologu.
Kwadlula inyanga
Wabuya wavela.

Ndammema, ndinga ndinyathel' emoyeni.
Hayi bhuti!
Awungowodidi lwam.
Ndiyinkunkuma
Mus' ukuchith' ixesha lakho ngam
Okanye uya kwaphuk' intliziyo,
Watsho.
Intliziyo yam yenzakala ngakumbi
Koku kunyaniseka.

Kwathi kanti lo ngudade

Womhlobo wam
Nowathi kum,
Yinyaniso leyo, uyinkunkuma
Cezela kude kuye
Uya kukwaphul' intliziyo,
Amaxesh' amaninzi
Uphetshethwa ngumoya.

Kungekudala wemka nomoya
Wemka umphelo.
Nangona silunyukiswa
Ngobumnyama bomqolomba
Abanye bethu bakholwa kukungena
Bazibonele.

XA UPHINDA UZ' USEBENZIS' INTSONTELO

Wakhul' engenayise
Amashum' amathathw' anesihlan' eminyaka.
Engekalifinc' ishumi
Washiywa ngunina
Owakheth' ukubhadula
Azimanye neziyobisi
Ukuz' abe nentliziyo yelitye.
Le yintlal' awathi wayifunda nonyana
Ukuz' atshabalale
Okany' aphumelele.
Kwelo dabi lakhe lobom
Waye walahlekelwa liliso
Satsho samfiliba nesibane.

Ngolunye urhatya
Bafik' ekhaya egquma
Okonomademfu phantsi kwetyholo
Isisu sizel' ityhefu yeempuku.
Ndadibana nay' ephum' esibhedlela
Sathi qhuzu-qhuzu ukuhleka
Ngalo mkhwa wakh' ubumpukurha.
Wakhalaza ngelithi
Obu bomi bukhohlakele.
Ndamcebisa ndathi,
Xa ufun' ukuphinda ngeny' imini

Uzusebenzis' intsontelo
Ayisoz' ikuphoxe.

Kwadlul' iintsuku zambini
Wafunyanwa ngunogada wesikolo
Ejing' okwesisweny' emqadini.
Izizalwane nezihlobo
Zamfihl' ezants' emngxunyeni.

UNCEDO LUKABAWO

Sathi xa sityelela kwakhona
Safika bemsusile
Bamsa kwigumbi lakhe yedwa
Besaneka ububele babo obungaqhelekanga,
Kwinzolo awayeza kuxhamla kuyo
Iintsuku zakhe zokugqibela.
Samjonga nje saqonda
Ukuba imihla yakhe iphelile;
Idimoni elaliqhoboshe amalungu akhe
Lalingasokuze limyeke
Ngaphandle koncedo lukaBawo.
Wayelele ngomqolo, engeva
Engathethi erhoxoza.
Phantsi kwepijama yakhe, esifubeni
Safumana isonka esililitye,
Fan' ukuba sawuphosa umlomo
Okanye ke yayisisidlo sakhe esipheleleyo?
Masicele uBawo amthathe,
Ndatsho kowakwam,
Sabambana ngezandla senza uphahla
Ekwelinye icala lebhedi, mna ndikwelinye,
Utat'omncinci engaphantsi
Esonge izandla.

Sathandaza
Sathi sakuthi, amen,
Izandla zakhe zahlukana
Sajongana nowakwam
Sikhwankqisiwe, semka.
Emva kwemizuzu engephi
Bafowna basixelela ukuba
"Undulukile."

OWASEMZINI

Yakhala ifoni yam
Ezinzulwini zobusuku
Kude kwavakal' ilizwi elingcangcazelayo
Lisithi,
Asazani, kodwa ndakha ndeva ngawe
Ndicela unced' unyan' am
Usengxakini apho edolophini
Ebeza kwenza izifundo
Suka waphantsa wahlaselwa
Esihla eteksini.
Ndakhuza ndathi,
Yhu!
Emva kweenyanga ezintlanu
Waphinda wafona
Wathi,
Ndim kwakhona
Ndandifonile ekuqaleni konyaka
Usakhumbula?
Ungandinceda uye kufanisa
Umzimba wakhe
Kumzi wezidumbu e-Mount Road?
Waqala wakhuthuzwa e-Central
Emva koko kwafikwa ejinga
Egumbini lakhe.
Ndakhuza ndathi,
Yho!

Emva kweentsuku ezingephi
Yakhala ifoni yam
Wathi,
Ungandiyela kwaNdabazabantu
Ufune isazisi sokufa kwakhe?
Ungaya kuthatha impahla yakhe
Kwigumbi ebehlala kulo?
Okokugqibela,
Ungandilandela iziphumo
Ngonobangela wokufa kwakhe
Kumcuphi ophethe eli shwangusha?
Ndakhuza ndathi,
Yhu!
Emveni kweveki waphinda wafona
Wathi,
Ndiyabulela ngoncedo lwakho,
Besinqwenela ukukufaka
Kwinkqubo yomngcwabo
Uthethe ngokuhamba kwakhe
Abantu bangathand' ukuva ngeli sikizi
Kumntu obekufuphi.
Ndabuza ndathi,
Oluphi uhambo?

EZINY' IINGCAMBU AZIYE ZIFE

Safika esixekweni
Sahlala endulini ethile
Evelele loo manxuwa
Esikolo sam sakudala.

Seza apha
Emva kweminyaka emininzi,
Siza kubona ukuba ndinganakho na
Ukuwahlula eluthuthwini
Amagumbi ahlahla indlela
Yobomi bam.
Ingqondo yam yayingaphumli
Ithath' ibeka ikhumbula abahlobo
Endandifunda nabo
Abathi bengacingele
Banyothula imikhub' emibi
Ebomini bam
Bekude nekhaya.

Seza apha
Ukuze ndizibonele
Umonakalo
Owashiywa yimililo yentshabalalo
Yesizukulwana esilandelayo.
Kukho nto uyikhumbulayo apha?

Wabuza umhlobo wam
"Mh...h...h!"

Ndaba nesingqala.
Iinyembezi zinqumleze ubuso.
Ubuso namagama
Abahlobo endandisakufunda nabo
Agcwalisa iinkumbulo zam.
Inokuba yayisisibhadlalala sesikolo esi;
Awamakhulu amabala
Neendonga eziphakamileyo!
"Batshabalalisa yonk' into;
Aye phaya amagumb' ethu okulala;
IyiPost Ofisi phaya,
Ecalen' ikwayo
Kukho indlu kaBoarding Master;
Elaa bala livulekileyo phaya
IyiFreedom Square;
Ngapha kwayo
Iyiholo yethu yokutyela;
Indawo yokuzilolonga ingaphaya."
Umnwe wam onentloni
Umana usalatha, uhamba
Namehlo adanileyo.

"Umzana wawungaphaya
Emva kwalaa mingcunube ililayo.
Kwela cala kwakukho ibala lombhoxo;
Kwowu! Ibuhlungu le nto!
Ndizama ukukhangela
Apho lalimi khona ixhalanga
Namagumbi ethu,"
Ndatsho.

Makube sasisikhulu esi sikolo!
Kutheni zingenziwa
Zibe ngaka kwakhona?
Ndicinga ukuba kulula ukonakalisa
Into entle.
Akunayo imifanekiso
Yesakhiwo sokuqala?
Wayengafundi apha naye
UMhlekazi uMandela?
"Ukuza kwethu apha ibe yimpazamo
Ngesingezanga."
Ndandumzela ndatsho
Ndaziva ndigixa kabuhlungu.
Ubungathang' ufun' ukuzibonela
Ngokwakho na?
Ubuthe ufun' ukuzixolisa.

Ndathi cebu ndaya kuthandaza:
"Bawo sixolele
Sasingazi ukuba
Sityala imbewu yentshabalalo
Engcambu zingasoze ziphinde ziphele;
Izizukulwana ezilandelayo ngoku
Ziyazana nokutshabalalisa."

XA KUSILWA IINKUNZI EZIMBINI

Ndahlala kwility' elikhulu
Ndabukel' inamb' isombuluka
Abelusi beqhuba
Imihlambi yabo
Evela kumacal' amabini
Besiya ediphini.
Ukukhonya kweenkunz' ezimbini
Okuhlwabisa igazi
Kukhatshwa yingxolo yemihlamb' ezayo
Yayinkenketh' entilini
Ilumek' isibhakabhaka.

Okomzuzwana abo belusi
Batyhwatyhwayo
Benz' amalinge afana
Nawezithukuthuku zenja
Bezam' ukwahlula loo mihlambi
Ineenkunzi ezingalawulekiyo
belindel' intlekele emasikizi.
(Akutshiwo na ukuba iinkunz' ezimbini
Azinakukhonya sibayeni sinye)?
Kwasetyenziswa ubulumko apho
Xa ezo nkunzi zazihlangabezana,
Umsindo uphuma ngamathatha,
Abelusi baya kuzimela.
Phantsi kwaloo meko yayingqinelwa ngamawa

Ayikho into eyayinokuwathibaza
Loo maramncwa;
Ingqumbo nonyoluko
Zazizalise iingqondo zawo
Kwakunyanzelekile ukuba ahlangane
Kucace ukuba liliphi na kuwo
Eliza kulawula loo mihlambi.

Zazikhwebula ezimazini
Zifutha zigquba
Ziphosa uthuli phezulu
Iintloko ziqondele phantsi
Zitsamisa zivuthele izisu
Ngomgqumo ngamnye;
Amathole ayegabadula kukoyika
Endikhumbuza intetho ethi,
Xa kusilwa iinkunzi ezimbini
Amathole azimela koonina.

Kwelo litye ndandincathame kulo
Ndawabukela loo marhamncwa
Ehlangabezana ecutha umgama
Owahlukanisayo.
Kwavakala isithonga
Sokudibana kweempondo
Amacongwane amdaka
Lutyatyazo lwequbuliso.
Zazihlabana ziphethulana
Zisane ngapha nangapha
Zisane ngapha nangapha

Imisila ikhombe phezulu
Oku kwendwe.
Zazisiphula imithana ekufuphi
Ziqhawula neengcingo
Zityumza yonk' into
Esendleleni
Njengoko umlo wawujikajika
Kungekho igob' uphondo
Zindikhumbuza intetho ethi,
Xa kusilwa iinkunzi ezimbini
Ingca ephantsi kwazo iyasiphuka.

UKUHLALA EZINYAWENI ZIKAYESU

Molo, Lizo!
Ungasinceda usibhalele umbongo
Oya kuthi utyhile iziprofeto zezazi?
Ukhawuleze akukho xesha!
Latsho ilizwi kwifowni yam.
Ndabuza,
Ixesha lokwenza ntoni?
Ilifu lokufa
Ligubungele uluntu
Abantu bayafa
Phandl' apha
Watsho.
Unoloyiko?
Ndabuza.
Ndingapha kokoyika,
Sikuvalela mba
Asikwazi nokuphuncuka
Kumehlo omkhosi namapolisa.
Waphendula.
Emva kweentsuku ezimbini
Ndamthumela umbongo
Owawutyhila iziprofeto zezazi.
Sibuhlungu
Umntu obuthethe naye

Ubulewe yiCovid-19,
Yatsho i-imeyile.
Ungumhlobo wakhe?

Ndinganithumela umbongo?
Ewe ungasithumela.
Emva kweentsuku ezimbini ndafowna
Ndacela ukuthetha nomhlobo wakhe;
Akasekho,
Uthi kutheni?
Ndabuza.
Ndiyaxolisa ngokukuxelela
Iindaba ezibuhlungu.
Kwenzeke ntoni?
Ndabuza.
Akuyazi into eyenzekayo?
ICovid iyasithatha
Unoloyiko?
Ndabuza.
Hayi, andoyiki.
Ndihleli ezinyaweni zikaYesu.

SEKWATSHINTSHA YONK' INTO

(ngaphandle kwamangcwaba)

Ndema enxuweni
Lwesikolo sam sokuqala
Apho ndaxonxwa khona ngononelelo;
Ukhula selwathabatha yonk' indawo;
Wadandatheka umphefumlo wam.
Ayaphi amaphahla
Iingcango neefestile?
Ingaba ezi zimumu zeendonga
Zisandikhumbula bethu?
Sekwatshintsha yonk' into;
Ibala esasibaleka sihleka kulo
Nditsho nalaa kona
Apho ndaxhimfa khona
Omny' umfundi ndamcokisa
Zigqunywe yidywabasi
Ukuze ifihle ihlazo lam.
Kumganyana nje ongephi
Kumi icawa evuselelweyo
(Eyayifudula iyeyamaDatshi
seyaba lilifa lamaWesile ngoku)
Nangona ikrwitshwe lukhula
Yaphantsa ayabonakala;

Amagama abandayo
Abelungu abangasekhoyo
Ababe yinxalenye yabemi balapha
Nabenza igalelo elikhulu

Abhalwe kumatye amangcwaba.

Ngamany' amaxesha abelungu bayez' apha
Baze kuwacoca babeke neentyatyambo
Kumangcwaba eentsapho zabo;
Latsho ilizwi ecaleni kwam
Kodwa andamazi loo mntu
Kuba sekwatshintsha yonk' into eCangca
Ngaphandle kwamangcwaba.

UNXANO

Yathi imini xa iqoshelisa
Ingubo yayo yobushushu
Sanduluka nomninawa wam ogulayo.
Phambi kokuba sihambe
Bagxininisa besithi
Ukuba asithanga
Sacotha endleleni
Sakumfumana uloliwe
Ophuma esitishini ngorhatya.

Ilanga elineenkani
Elalibinza ebuchotsheni
Lalifunxe konke ukufuma
Nezo ntlanjana esadlula kuzo
Zazingasazani namanzi
Iinyanga ezininzi;
Sasiphelelwa ngamandla.
Ndandimana ndithetha ndedwa
Azi uya kufika na?
Akayi kufela endleleni?
Ndandineshumi linantathu, ndisoyika;
Ukufa kuthe chuuu, kusikhapha
Okwexhalanga elinethemba.

"Ndinxaniwe! Ndifun' amanzi!"

Watsho umninawa;
Yehla intliziyo yam.

Ndavula ibhotile yakhe yeyeza
Umxube wekhala namanye amaqwili
Owawenziwe ligqirha
Ukuze libambezele ukufa kwakhe.
Ndamnika ndathi,
Ina, sela mntakwethu;
Ndambukela
Kuphela kwento esasinayo.
Emva kwethamo
Ubuso bakhe bashwabana;
Ndayithatha loo bhotile
Ukuze ndithobe nolwam' unxano.
Emva kwethamo
Ubuso bam bashwabana
Ndayinkobonkobo;
Wahleka umninawa wam.
Ichibi lemfuyo ngaphaya kocingo
Lasikhweba
Kodwa isisu salo esinxaniweyo
Sasichachambile yimbalela
Ngaphandle kwezo ndawo
Zazixovulwe ngamanqina
Nezazinamanzi amnyama
Anukayo.
Sajongana nomninawa
Kwakungekho cebo limbi.

IQANDA LILALA NGECALA

Iinjongo zethu
Asikuko ukujika inyaniso
Okanye ukuvuselela
Amalwimi af' amacala.
Abezopolitiko baqeqeshelwe ukuxoxa
Asinakho ukulwa neengwenya emanzini.

Emhlana sithwel' izithembiso
Ezaphukileyo
Ezenziwa ziinkokeli esazinyulayo.
Ukuba iindlebe zabo zisesekhefini
Siza k' buya ngomso
Siza k' buya
Bade baphumeze izithembiso zabo.
Mabazi ukuba
Ngaphandle kwesisekelo
Iqanda alinakuma
Nokuba selilikhulu kangakanani
Kuba liliqanda.

ANDINAKUYENZA LE NTO! ANDINAKO!

Ngelingeni safika esixekweni
Wandalathisa,
Nantsiya indlu yakhe
Leya inkulu.
Kulindelwe ukuba sikhahlele ke.
Andinakuyenza ke leyo,
Ungandinqulela?
Ndaphendula ndatsho.
Unotshe! Khahlela ngokwakho nawe!
Andikwazi ukuyenza loo nto!
Andizanga ndayenza ngaphambili!
Sukucinga nokucinga ngayo;
Khahlela nje wena
Cinga ngezaa ntaba udlule kuzo
Ukuza kufika apha.
Cinga ngepetroli yakho,
Ixesha lakho nabantu
Abaza kuxhamla.
Awuzuw' lahlekelwa nto.
Andinakuyenza le nto!
Andinako!
Kodwa ke balindele ukuba ukhahlele.
Wonk' umnt' uyakhahlela
Phambi kwenkosi.
Ndaphendula ngelithi,
Andiyenzi mna loo nto,

Zange ndayenza,
Ngaphandle koko,
Ndiqubuda phambi koMdali kuphela.
Kunganjani ukuba ungangena wedwa?
UThixo uyakubona ukuba uva njani ngaphakathi:
Uza kukwaphulela.
Unedinga apha
Kufuneka uthethe naye ngokwakho.
Unalo ikhulu leeRandi?
Liya kunceda ukuthambisa iindlebe zakhe.
Khumbula ukuba
Oorhoqotyeni bayarhubuluza ukuze batye
Ababhabhi.
Yayiyinyanda enebathu le
Kunokuba ndandicinga.

Ndalikhupha elo khulu ndikhwina
Ukuze ahlahl' indlela
Yolwimi lwakhe
Olwaluza kundithethelela:
Kwakunye nokurhida
Phezu kokuxhatshazwa
Kwabasweleyo;
Kodwa ngaphezu koko konke
Umrhumo okhokela impumelelo
Yokuphoxakala kwethu.
Wathi, *Masingene*
Uz' ubukele nje wena
Undilinganise; asizi kuthatha xesha.

Phambi kokuba singene
Umhlob' am wayesel' ekhahlela
Enyuba ebonga
Ngobuchule obungathethekiyo
Obubonakalisa iminyaka yocinezelo.
Ndaweva amehlo kwelo gumbi
Endihlaba ok' olwamvila
Loonomanxezana abaliwaka.
Ulwimi lwam lwaqina emlonyeni
Amadolo aqina angumqwayito.

Andizanga ndikwaz' ukuyenza le nto
Andikakwazi nangoku.

ABAZANGE BAMMISE ULOLIWE

EThaba Nchu
Wamisa uloliwe
Saphindaphinda ukubetha
Isingqi sentliziyo yam.
Ndakroba ngefestile
Ndawabona.
Ayesixhenxe,
Amadoda amathandathu
Kwakunye nobhinqileyo
Bemi phantsi kwemithi yegamtriya.
Ndaphakama ndathula icooler bag yam
Kwinqwanqwa ekuxhonywa kulo imithwalo.
Ndandiwazi ukuba azintoni na.
Ayengenakundibhida.

Ndayibeka esitulweni icooler bag
Ndakhupha iqatha lenyam' enkuku
Ndaphinda ndayibuyisela phezulu icooler bag
Ndaqalisa ukuncengethisa
Ngelithi ndithomalalisa umbilini.
Wayemisile uloliwe
Amapolisa ongcikivo ekhangeleka ngathi
Kukho umntu amlindileyo
Lo mzuzu intliziyo yam
Yayisenza ingxushungxushu.

Sathi sakukhala isihololo
Uloliwe washukuma, ngephanyazo

Osixhenxe aleqa ukuza kukhwela
Kweli lam ikhareji
Ngokungathi aqeqeshelwe
Imidlalo ye-Olimpiki.
Athi akungena
Ahlukana kubini
Amathathu aya kuvingca
Umnyango ongasentla
Amane ashiyeka emile encokola
Kude kufuphi nam.
Ndaqhubeka ndancengethisa.

La mathathu, ayenyukele ngasentla,
Ayexakekile ephendla imithwalo yabakhweli
Neempokotho zabo
Ngocoselelo lwamabhaku.
Ingaba bethu ndandingenakusinda
Ngenkankulu?
Ndamana ndizithuthuzela
Nangona umnatha wawusiya ucutheka
Njengoko ayesiya esondela.
Ukuthandaza kwandenza ndaziva ngathi
Ndikhala zigqekreza iindudumo.

Lathi lakugqiba ukuphendla elo qela
Osixhenxe eza kungungelana phezu kwam
Ipasi lakho! Sicela ukulihlola!

Ndaphakama ukuze ndiwabonise
Imbeko kamakama

Ndinethemba lokuba oko
Kungandithethelela.
Elalithabathe ipasi lam
Lazikhwaza inkcukacha
Laphinda lakhwaza,
Usuka phi?
Uhlala khona?
Ubutyelele bani?
Uhleli ixesha elingakanani?
Singathanda ukuphendla umthwalo wakho!
Ndayithula ibhegi yam yempahla
Ndayibeka esitulweni
Kwakhona ndenza umthandazo ngaphakathi,
Mayenzeke intando yakho, Yesu,
Ingapha kwam le meko.

Ibhegi yempahla yayinomzantsi ofihlakeleyo
Apho kwakufihwe khona
Amaxwebhu eANC
Nawombutho wamaKomanisi.
Babengafuni wona kanti?
Bawarhola
Babelana ngawo bewafunda.
Ndandingaphezu kwewaka leekilometha
Ukusuka ekhaya
Ndingaziwa mntu
Apho ndikhoyo emhlabeni.
Ndaqala ndacinga ngabo

Ayengazanga abonwa
Namathambo abo
Ndaqiniseka ukuba nawam
Ngekhe ahombise
Nawuphina umhlaba welizwe lakowethu.
Bawabuyisela amaxwebhu
Aphinda abuza
Esalatha icooler bag.
Kukho ntoni kuleya?
Yithule ukuze siyihlole.
Ndayibeka esitulweni icooler bag
Ndavula uziphu ndingacelwanga.
Lindilahlile ityala
Ndagqiba kwelo.
Awongcikivo atsala iintamo
Akroba umphako wam
Ukwaneza umdla wawo.
Engayichukumisanga icooler bag
Eyayikhukhumele bubungqina.
Osixhenxe lo mapolisa
Arhorhozelana ukusuka kum
Erhuqa iinyawo zawo
Eziphoxakeleyo.
Okonomgogwana olityelweyo
Ndashiyeka ndimile
Ndilindele umyalelo wawo,

Silandele
Uhambo lwakho lufike esiphelweni;
Ndingazi ukuba

Isithunywa sezulu
Sicime bonke ubungqina
Obabunobuzaza.

KANTI UNGUBANI?

Nditsho nokuba yayiyimbumbulwana
Eyaphosa iliso lakho
Ngeemilimita ezimbalwa,
Bulela uThixo
Usenamehlo omabini.

Ukuba isebe elomeleleyo
Lakunceda wamelana namandla
Omsinga odlokovayo
Wasindisa umntu otshonayo
Xa wawucinga ukuba
Isiphelo sakho
Sikwigobe elilandelayo
Bulela uThixo ongaliphosiyo ixesha
Lokuthumela isithunywa sakhe.

Ukuba wahlangula umntu
Ngokuvakalelwa
Saphaphatheka eso sigebenga sixhobile
Ngokungathi sileqwa yingonyama,
Bulela uThixo
Singazange sisisebenzise kuwe eso sixhobo.

Ukuba udutyulwa umile
Kodwa udonga owayame ngalo
Luyithathele kulo loo mbumbulu

Musa ukuqhayisa,
Uthi waba nethamsanqa,
Bulela iQhawe elinguYesu
Ngokuyityhalela ecaleni loo mbumbulu.

Ukuba uhamba wedwa
Unqumla ithafa
Imbumbulu ezihambelayo
Ihluhluze phezu kwentloko yakho
Yeka ukubulela inkwenkwezi yakho
Kuba ungachanwanga,
Bulela uYesu othe wakutyhala
Usuke endleleni yembumbulu.

Ukuba iimbumbulu ezimbini
Ezithwele ukufa
Zigqitha endlebeni yakho zithukisela,
Ewe, ngobudenge bakho
Usenako ukuqhayisa
Uthi ib' ingeyomini yakho.

Ukuba usinde kathathu kwiingozi zemoto
Ude uqengqeleke kathathu ethambekeni
Kodwa ungophuki nethambo
Ungafumani nomonzakalo
Usenako ukuzigwagwisa
Ngokuhlakanipha kwakho.

Ukuba uthe ngobudenge bakho
Awawuthobela umyalelo weKomandanti

Othi, yima
Wena ukhethe ukubaleka
Ngexesha lonxunguphalo
Uzixelele ukuba ushiywa lixesha,
UKomandanti akhuphe umyalelo
Othi mawudutyulwe
Uwabone amajoni eguqe ngedolo
Ejolise kuwe
Kodwa kungabikho utsala inkcukumiso
Mhlawumbi ungazithethelela uthi,
Wawungaphulanga mthetho.

Ukuba ungena emgibeni
Obekelwe wena ziindlavini
Endaweni engenabantu
Uzibuze ukuba ingaba la maxhwili
Aza kundinqunqa na?
Kodwa kungabikho nomnye
Owenza ilizwi.
Ewe mhlawumbi ungathi
Zanga babe naso isibindi.

Ukuba uhamba nowasetyhini
Uhlangane noongantweni
Kwindawo ethe zole
Ezinzulwini zobusuku
Basuke bonke bathi gu bucala
Lo mzuzu wena ulindele ukuxhaxhwa;
Ukuba ebomini bakho
Zonke ezi zinto uhlangene nazo;

Khawuhlale phantsi uzibuze ukuba,
Kanti ndingubani?
Lithuba lokuba uzibuze ukuba,
Liyintoni na ixabiso lomphefumlo wakho
KuThixo?
Lixesha lokuba ubuze ukuba
Uze kwenza ntoni kobu bomi?
Lixesha lokuba uzibuze ukuba,
Ingaba uThixo wanelisekile na
Yinto oyenzayo?

INKCAZELO MAGAMA

Stop that car!	Misani loo moto!
En waar gaan jy nou?	Uyaphi ke ngoku?
Nie ver nie, net om die hoek	Andiyi kude, ndiya nje apha ekujikeleni
Net om die hoek, Sersant.	bendisiya nje ekujikeleni
Jy kan nie!	Awuvumelekanga!
Jy moet om die roadblock deur ry	Kufuneka uye kugqitha kwisithintelo-moto
Why didn't you stop when I ordered you?	Kutheni ungemi nje xa ndisithi yima?
ek is gatvol	ndanele
There's no need for that, Sir	Akukho mfuneko yoko, Mhlekazi!
Otherwise I'll be late	Kungenjalo ndakushiywa lixesha.
Skiet hom, hy moet nie weg gaan nie!	Mdubuleni, makangaphuncuki!
Skiet hom!	Mdubuleni!
Do you know that you almost got killed?	Uyaziqonda ukuba uphantse wabulawa?
I was going to come back, Sergeant!	Bendiza kubuya Sajini!
My errand was urgent	Umyalezo wam ubungxamisekile
Besides, I was going just round the corner	Kambe ke bendisiya nje ekujikeleni
Jy praat foefoe nou	Uthetha utyhatyhiwe ke ngoku
Maak seker hy ry terug na die roadblock	Ze niqiniseke ukuba ujike waya kwisithintelo-moto
But that's too far, Sergeant!	Kodwa kukude nje apho Sajini!
Surely you can search me here	Unako nawe ukundisetsha apha
Or should I search it for you?	Kunganjani ndiyikhangele ngokwam?
Do as I tell you, now!	Yenza le ndikuxelela yona ngoku!
Do you think we've come for a circus here?	Ucinga ukuba sizokudlala upuca apha?
Korporal! Stuur hierdie vuilgoed na die roadblock	Koporali! Thumela le nkunkuma kwisithintelo-moto
Cooler-bag	Ingxowa yokubandisa

· 116 ·

Lo kaMahola uthi le ncwadi lizibulo lakhe ekubongeni, kodwa isimbo sidiza ukuba ungumakad' enethwa kubhalo lwencwadi.

Umbhali lo usebenzisa uthetha-thethwano ukutsala umdla kumfundi.

Mve xa esithi,

"Uvela phi ezinzulwini zobusuku?"

Kwisithandwa sam.

"Ngoku?"

Le mbongi igxila ngokufihla isithethe ngamava ayo entlalo yobomi. Esi sakhono sivela xa esithi,

"Ethwel' ubhaka emqolo

Okwenyosi ivela kuhlangula."

Yiva kwakhon' intsingisel' efihlakeleyo xa esithi,

"Iinkowan' ezinetyhefu zintshula phantsi kwamabunga."

Uthi akuntyuntya ngeentaba zebhukazana angabi nako ukuzikhwebula kwiinkumbulo zobuntwana. Uzoba ubume beentaba, izilwanyana, ubomi nobuntwana ade azive umfundi engene tshwa kwawakhe amava amandulo. Kukwanjalo xa abona ukuvuthuluka kwezakhiwo zexabiso kwisikolo awayefunda kuso. Ude athi kumthandazo wakhe, "Bawo sixolele, sasingazi ukuba sityala intshabalalo." Ungathabatheka xa umva esithi, "Ibali elityhafileyo liyabuna emlonyeni wegangxa." Unyanisile kuba kwimibongo yakhe umfundi akasayi kozela alale. Sinethemba lokuba le ncwadi iza kwengeza kuncwadi olukhoyo lwesiXhosa, yaye iza kuvuselela ubhalo nofundo lolwimi lwethu.

NguMbulelo Nzo

www.ingramcontent.com/pod-product-compliance
Lightning Source LLC
La Vergne TN
LVHW021523080426
835509LV00018B/2625